Die schönsten Erstlesegeschichten
zur Weihnachtszeit

Die schönsten Erstlesegeschichten
zur Weihnachtszeit

www.leseleiter.de

ISBN 978-3-7855-7092-0
1. Auflage 2010
© 2010 Loewe Verlag GmbH, Bindlach
Umschlagillustration: Franziska Harvey
Reihenlogo: Angelika Stubner
Printed in Italy (011)

www.loewe-verlag.de

Inhalt

Eisiger Geburtstag

Melanie hat kurz vor Weihnachten Geburtstag. Am 22. Dezember. Das findet Melanie nicht so toll, weil ihre Geschenke da eher knapp ausfallen. Ein Trost ist nur, dass ihre Großmutter am gleichen Tag Geburtstag hat wie sie. Da gibt es immer zwei Geburtstagsfeiern: eine Party mit den Freundinnen und ein Geburtstags-kaffeekränzchen bei der Oma. Das Kaffeekränzchen endet jedes Jahr damit, dass irgendjemand die Großmutter bittet, noch einmal zu erzählen, wie es damals war, als sie geboren wurde. Eine ganz besondere Geschichte ist das nämlich, und Melanie freut sich jedes Mal aufs Neue darauf, sie zu hören …

„Der 22. Dezember 1929 war ein klirrekalter Wintertag. Es war so kalt, dass sogar die Schneeflocken bibberten, die wie Federn vom Himmel fielen.

Und meine hochschwangere Mutter
bibberte erst recht. Und ich, ich war
in ihrem bibbernden Bauch drin.
Wahrscheinlich wurde mir das Gebibber
irgendwann zu viel, denn ich wollte
plötzlich raus. Obwohl ich ja erst vierzehn
Tage später kommen sollte. Das war
vielleicht ein Schreck, als meine Mutter
merkte, dass es losging. Sie rief eilig
meinen Vater ins Haus, der gerade den
Hühnerstall reparierte.

‚Hol schnell die dicke Else, Heinz. Das
Kind kommt.‘

Die dicke Else war unsere Hebamme.
Jetzt fing mein Vater an zu bibbern.

Aber nicht vor Kälte, sondern vor
lauter Aufregung. Wie sollte er auf die
Schnelle die dicke Else ins Haus holen?
Die wohnte doch auf der anderen Seite
vom See, und das war ein Fußweg von
mindestens einer Stunde hin und einer
Stunde zurück. Autos gab es damals bei
uns noch keine. Und ein Pferdegespann
besaßen wir auch nicht.

Mein Vater rannte dreimal um den
Hühnerstall herum. Dann kam ihm die
rettende Idee. Er holte seine Holzschuhe,
nagelte unter jeden einen dicken Eisen-

draht, schnappte sich den Ziehschlitten
und lief auf den gefrorenen See hinaus.
Die selbst gebauten Schlittschuhe
funktionierten. Ein Glück! Der Draht glitt
reibungslos über das Eis und es ging
doppelt so schnell wie in Winterstiefeln.

Nur zwanzig Minuten brauchte Vater
bis zu Elses Tür. Das war absolute
Rekordzeit! Weltrekordverdächtig.

  Er schnappte sich Else und ihr
Hebammenköfferchen und bugsierte
beides auf den zugefrorenen See.

  ,Schnell, schnell, Else!', feuerte er sie
immer wieder an. ,Mach flott, es drängt.'
Aber von flott konnte bei der dicken Else
keine Rede sein. Sie tapste unsicher auf
dem Eis herum und rutschte immer wieder
aus. Mein Vater hatte alle Hände voll zu
tun, dass sie nicht aufs Eis schlug und

sich verletzte. Schließlich musste er sie heil über den See bringen, weil sie mich ja auf die Welt holen sollte. Da nahm er kurz entschlossen Elses Köfferchen vom Schlitten, setzte die dicke Else drauf und auf die Else das Köfferchen. Und dann hat er den Schlitten mit der Else und dem Köfferchen über den ganzen See gezogen."

„Gerade noch rechtzeitig, nicht?", fragt Melanie aufgeregt, wie jedes Jahr.

„Gerade noch rechtzeitig", bestätigt die
Großmutter.

„Ob das heute auch noch so geht?", will
Melanie wissen.

„Wohl eher nicht", meint die Großmutter.
„Heute gibt es ja Autos mit Schneeketten.
Aber wenn man an einem See wohnt
und die Autos so richtig bibbern vor Kälte
und Frost und nicht anspringen wollen,
vielleicht ist es da gar nicht schlecht,
wenn man ein ordentliches
Paar Schlittschuhe im Haus hat …"

Tobys Geheimnis

Toby ist einer in Linas Klasse. Aber Toby will immer der Größte sein. Wenn Theo zum Beispiel sagt: „Mein Papa, der hat ein ganz, ganz großes Auto", dann sagt Toby hinterher: „Und mein Papa hat drei Autos und dazu noch ein Flugzeug."

Und als Lea erzählt, dass sie im neuen Haus sogar bald ein eigenes Zimmer be- kommt, sagt Toby sofort: „Ich habe zwei eigene Zimmer, und zwar keine Baby- zimmer wie du, Lea." Und Lea ist ganz traurig.

Lina kann das auch nicht gut haben.

„Alter Angeber", denkt sie immer, „so ein blöder alter Angeber."

Eines Tages fehlt Toby in der Schule und die Lehrerin fragt, wer ihm denn die Hausaufgaben bringen kann. Natürlich wollen alle zu Toby, weil sie sehen wollen, welche Zimmer er hat und was für einen Superschlitten sein Vater fährt. Und wegen all der anderen Sachen, von denen Toby erzählt hat. Die Lehrerin lost aus. Auf Lina fällt das Los.

Also geht Lina nachmittags zu Tobys Haus. Aber die Straße ist gar nicht so, wie Toby das beschrieben hat. Lina findet schließlich die Hausnummer. Aber auch das Haus ist überhaupt nicht so, wie Toby das beschrieben hat. Ganz abgeblättert ist die Farbe, ganz dunkel und auch schmutzig ist es.

Lina klingelt. Sie geht in einem Treppenhaus von Stockwerk zu Stockwerk. Lina hat sich das alles ganz anders vorgestellt. Und als sie schließlich oben ankommt, an der offenen Wohnungstür, kommt ihr Tobys Mutter entgegen. Die sieht überhaupt nicht aus, wie Toby sie beschrieben hat!

Da ist Lina ganz verwirrt.

„Warum macht Toby das?", fragt sie sich. Aber sie sagt kein Wort.

Und Toby guckt sie nur an, wird rot, murmelt etwas wie „so ist das eben" und nimmt sie dann mit in sein winzig kleines Zimmerchen.

Lina muss bald wieder gehen, auch weil
sie so durcheinander ist. Und weil sie
überhaupt nicht weiß, warum Toby so ein
alter Angeber ist. Der ist ja noch mehr
Angeber, als sie gedacht hat. Der gibt ja
sogar mit Sachen an, die er nicht hat.

Am nächsten Morgen in der Schule sagt die Lehrerin: „Wir wollen in diesem Jahr etwas ganz Besonderes machen. Wir schreiben uns in der Klasse gegenseitig Briefe als Christkindgeschenk. Und da uns an Weihnachten etwas geschenkt wird – denn Weihnachten ist das Christkind gekommen –, möchte ich, dass ihr den anderen durch einen Christkindbrief etwas schenkt, das ihnen guttut."

„Und was?", fragt Leo von hinten. Typisch Leo.

„Christkindgeschenke, die man sonst nicht macht", sagt die Lehrerin. „Wir spielen einer für den anderen Christkind." Sie holt Luft und dann erklärt sie weiter: „Zum Beispiel kann einer dem anderen versprechen, dass er ihm Mathe erklärt als Christkindgeschenk."

„Oder ein anderer kann einem aus der Klasse einen kleinen Computerkurs schenken!", ruft Leo.

„Oder ihn nicht mehr ‚alte Zicke'

nennen", sagt Claudia. Damit meint sie
Oliver, der zu ihr immer „alte Zicke" sagt.
  Alle haben verstanden.

  Aber Lina hört gar nicht mehr zu. Denn
sie hat eine super Idee. Sie will dem Toby
einen Christkindbrief schicken. Auch wenn
Toby noch nicht wieder da ist. Und in dem
Christkindbrief soll drinstehen: „Lieber
Toby, ich will mit dir spielen, auch wenn
ich jetzt ganz viel weiß ... Trotzdem mag
ich dich. Und das möchte ich dir als
Christkindgeschenk zu Weihnachten
schenken: dass du eine Freundin hast,
der du alles erzählen kannst. Und das
alles verrate ich keinem."

Zu Hause erzählt sie ihrer Mama davon.
Die Mama weiß nicht so recht. Sie sagt:
„Ich bin nicht ganz sicher, ob Toby das
überhaupt will."

„Das werden wir ja sehen", sagt Lina.

Auf jeden Fall werden einen Tag vor
Weihnachten die Christkindbriefe verteilt.
Jeder hat sich einen Namen wählen
dürfen, an den er einen Christkindbrief
schreibt.

Und Lina hat halt den Toby angegeben.

Toby bekommt ihren Brief. Er liest ihn durch, dann schielt er hinüber zu Lina. Er wird knallrot im Gesicht, dann schaut er wieder in den Brief. Er liest ihn noch einmal durch. Linas Herz klopft bis zum Hals. Wird Toby annehmen?

Und plötzlich schaut Toby auf, er hat ganz ernste Augen. Auf einmal nickt er und nickt und nickt immer wieder Lina zu.

Da freut sich Lina, springt zu Toby
hinüber und sagt zu ihm: „Hast du Lust,
heute Nachmittag zu mir zu kommen? Wir
können spielen, und dann können wir ja
auch ganz viel reden. Okay, Toby?"

Und Toby freut sich. Dass er jetzt so
etwas hat wie eine neue Freundin, auf
jeden Fall so ein ganz kleines bisschen.

Und das ist gekommen durch den Christkindbrief von Lina und dadurch, dass Lina
bei ihm zu Hause gewesen ist und nichts
verraten hat von seiner Angeberei.

Der Weihnachtskater

„Was ist denn das?"
Verdattert starrt
Florian Flederwisch zum Himmel.
Tausend dicke weiße Fusseln
schweben auf ihn herunter.
„Macht, dass ihr wegkommt!",
faucht er empört.

Doch es werden immer mehr.
Mit großen Sprüngen
rettet sich der Kater
unter ein Scheunentor.

Dort sitzt sein Freund,
der alte Kater Nero.
„Wohl dein erster Schnee?",
maunzt Nero lachend.
„Jetzt wird es draußen kalt
und ungemütlich!

24

Am besten,
du suchst dir ein Zuhause
bei den Menschen."
„Bei den Menschen?",
fragt Florian überrascht.
Bis jetzt ist er doch
auch ohne sie
gut zurechtgekommen.
„Ja doch." Nero nickt.

„In ihren Häusern ist es warm,
und es gibt leckeres Futter."
„Das klingt aber gut",
seufzt Florian sehnsüchtig.

„Bloß, wie komme ich
in so ein Menschenhaus hinein?"
„Heute ist es ganz einfach.
Es ist nämlich Weihnachten.
Setz dich vor irgendeine Tür
und miaue."
„Das mach ich doch glatt!",

26

freut sich Florian
und zieht gleich los.
„Nur eins ist lästig:
Sie wollen dich streicheln!",
ruft Nero ihm noch hinterher.
Florian setzt sich
vor das nächste Haus.

Kaum miaut er ein paarmal,
öffnet sich schon die Tür.
Mit leuchtenden Augen
nimmt ein kleines Mädchen
Florian auf den Arm.
„Was bist du für eine süße Katze!",
ruft sie glücklich.

„Willst du bei uns bleiben?"
Sie streichelt den Kater.
Florian schnurrt zufrieden.
„Bei allem hatte Nero recht",
denkt er.
„Doch dass Streicheln
lästig ist,
stimmt ganz und gar nicht!"

Die Reise der Mondprinzessin

Es heißt, wenn die Mondprinzessin Hilfe braucht, reist sie auf die Erde und bittet ein mutiges Menschenkind, ihr zu folgen.

Daran musste Janne denken, als sie das Fenster ihres Zimmers von glitzernden Eisblumen befreite, um zu sehen, ob der Mond nach wie vor über den Dächern der Stadt am Himmel stand. Über weiß gefrorene Dachziegel glitt ihr Blick, über erloschene Schornsteine, und da war er, der Mond. Matt leuchtete er im fahlen Grau des Himmels. Tag und Nacht,

wie festgefroren. Früher strahlte dort um diese Jahreszeit die Sonne und ließ die Mücken tanzen. An die wärmende Kraft der Sonne konnte sich Janne jedoch kaum noch erinnern. Glitzernder Eisnebel hatte vor langer Zeit das Regiment übernommen. Seine kalten Knochenfinger hielten Bäume und Sträucher gefangen und versetzten die Tiere des Waldes in einen nicht enden wollenden Schlaf.

Eigentlich liebte Janne den Winter. Was gab es Schöneres, als auf Schlittschuhen durch die vereiste Welt zu sausen? Über gefrorene Seen und Bachläufe hinweg, bis weit vor die Stadt. Aber die ewige Kälte hatte auch Janne die Freude daran genommen. Die Herzen der Menschen waren erfüllt von Angst. Herzliches Lachen war schon lange nicht mehr zu hören. Ausgelöscht war es, wie die Kraft der Sonne. Und Janne vermisste das Lachen und die Sonne wie die Schmetterlinge im Frühling. Gebannt

starrte sie zum Mond. Irgendetwas war
nicht in Ordnung da oben. Ob vielleicht
ein Zauber den Mond gefangen hielt und
die Wärme der Sonne verbannte?

Da bemerkte Janne, dass im Haus
gegenüber auch ein Mädchen am Fenster
saß. Das Haus war eigentlich unbewohnt,
seine Fensterscheiben längst zerbrochen.
Janne hatte das Mädchen noch nie
gesehen und schaute es verwundert an.
Was machte es dort alleine? Das
Mädchen schaute Janne traurig an.
Dann wies es mit ausgestrecktem Arm

zum Mond, als wollte es Janne etwas zeigen. Plötzlich hatte Janne das Gefühl, als ob sich auf dem Mond etwas bewegte. Wie ein Schatten sah es aus, ein Schatten mit langen Beinen in einem dichten Gespinst von irgendwas, das vom Mond bis auf die Erde reichte. Janne winkte dem Mädchen aufgeregt zu, um es auf seine Entdeckung aufmerksam zu machen. Aber das Mädchen wusste längst Bescheid und nickte nur. Aus wasserblauen Augen schaute es Janne flehentlich an.

„Komm hinab auf die Straße", schienen ihre Augen zu sagen. „Komm mit mir …"

Janne nahm ihre Schlittschuhe vom Haken, schlüpfte lautlos in den Korridor und von dort ins Treppenhaus. Als sie das Haus verließ, trat gleichzeitig das fremde Mädchen auf die Straße. Schneeweiße Zöpfe wanden sich um seinen Kopf und es begab sich wortlos an Jannes Seite. Janne zog ihre Schlittschuhe an und beide machten sich auf den Weg. Auf seidenen Pantöffelchen huschte das Mädchen durch die spiegelglatte Welt.

Janne hatte Mühe, dem feenhaften Wesen zu folgen. Bald schon ließen sie die Stadt weit hinter sich. Gefrorene Wälder und Felder säumten nun den Weg und mit jeder Sekunde wurde es kälter. Plötzlich löste sich das Mädchen – wie von Zauberhand getragen – vom Erdboden. Es hangelte sich federleicht an dem Gespinst aus Eisfäden empor, das am Rande des Waldes in den Himmel wuchs.

„Komm, Janne", sagten die Augen des
Mädchens. „Komm mit mir."

Janne tat einen Schritt in das eisige
Netz und stürzte unsanft zu Boden.
Die Kufen ihrer Schlittschuhe hatten
die Fäden zerschnitten. Eilig zog Janne
die Schlittschuhe aus und beeilte sich,
dem Mädchen zu folgen. Der langbeinige
Schatten, der von der Erde aus nur
schemenhaft zu erkennen war, wurde
dunkler und größer, je weiter sie in den
Himmel stiegen.

„Schau nicht zurück, Janne", raunte es um Janne herum. „Schau nicht zurück …"

Als nach zeitloser Zeit zwei tellergroße Augenpaare über den Mädchen aufblitzten, waren sie am Ziel. Eine grauenhafte Riesenspinne wartete vor der Öffnung eines Mondkraters auf Beute und funkelte die Mädchen böse an. Vor Schreck wäre Janne fast abgestürzt! Das Mädchen jedoch löste unerschrocken

seine langen Zöpfe und wirbelte sie in der
Luft herum. Schritt für Schritt näherte sie
sich dabei dem garstigen Tier, bis sich
sein borstiger Kopf in den umherflirrenden
Haaren verfangen hatte. Die Spinne
bäumte sich wütend auf und versuchte,
sich Gift sprühend aus der Fessel zu
befreien. Das Mädchen aber zog den
Haarstrang enger und enger, bis es dem
Tier Auge in Auge gegenüberstand.

Da wurde es plötzlich ganz ruhig und verschwand gehorsam in den dunklen Krater. Das Mädchen folgte dem Tier und versiegelte den Ausgang mit einem seiner prachtvollen Zöpfe.

Eine Spinne war es also, die den Lauf der Gestirne behinderte. Sie musste aus ihrer finsteren Behausung entwichen sein. Janne war plötzlich ganz allein in dem eisigen Netz, das den Mond gefangen hielt.

„Zieh deine Schlittschuhe an", raunte es da um Janne herum. „Zieh sie an und fahre, so schnell du kannst."

Janne streifte ihre Schlittschuhe über, schloss die Augen und sauste los. Größer und größer zog sie ihre Kreise. Um sie herum klirrte und klang es, unzählige Eiskristalle stoben umher und fielen als Nebel zur Erde hinab. Genau an der Stelle, wo ihr anstrengender Aufstieg begonnen hatte, kam Janne schließlich auf die Erde zurück. Sie wollte schnell nach Hause gleiten, aber der Boden

unter ihren Füßen gab nach. Er taute. Als Janne endlich die Stadt erreichte, blitzte erstes Rot durch das schmelzende Eis der Dächer und von irgendwoher schallte ein befreites Lachen. Janne sah hoch in den Himmel. Oben, weit, weit, zog der befreite Mond seine Bahn und gab tatsächlich die Sonne frei.

Der böse Theodor

Es hat geschneit. Alle Dächer sind weiß, auch die Straßen, die Bäume und die Hecke vorm Haus. Die ganze Welt ist noch einmal so hell wie sonst.

Laura freut sich. Sie hat einen schönen großen Schlitten zum Geburtstag bekommen. Jetzt kann sie ihn endlich ausprobieren.

Aber Mama schüttelt den Kopf. „Allein lasse ich dich damit nicht auf die Rodelbahn. Warte noch ein halbes Stündchen. Dann gehen wir einkaufen und nehmen den Schlitten mit."

Laura nickt. Sie kann noch ein bisschen mit ihren Puppen spielen. Am besten Schule.

Laura stellt ihre Puppen an der Wand auf. Sie sollen ein Lied singen. Danach sollen sie lesen.

Alle sind brav. Nur der Stoffmatrose Theodor hat wieder lauter Unsinn im Kopf.

Zuerst wackelt er hin und her. Dann lässt er sich an der Wand hinunterrutschen und landet auf dem Fußboden.

Das muss bestraft werden! Laura nimmt ihn am Kragen. Sie öffnet das Fenster und setzt ihn draußen auf die Fensterbank.

Es schneit immer noch. Aber Theodor
hat ja einen dicken blauen Pullover an.
Zur Vorsicht bindet Laura ihm noch einen
weißen Schal darüber. So, nun kann er
draußen sitzen bleiben und über sein
ungezogenes Benehmen nachdenken!

Mama ruft. Sie will einkaufen gehen.

Draußen setzt sich Laura auf den neuen
Schlitten und hält die Tasche fest. Mama
zieht. Federleicht gleitet der Schlitten
hinter ihr her. Oben am Heckelsberg
bleiben sie stehen.

Laura blickt bewundernd die lange
Bahn entlang. Sie ist spiegelglatt und hat
zwei tolle Kurven. Es sind nur wenige
Kinder da. Die meisten sitzen wohl noch
in der Schule.

„Wollen wir?", fragt Mama. Schon hockt
sie sich vor Laura auf den Schlitten. Sie
lenkt ihn so sicher, als ob sie ihr Leben
lang nichts anderes getan hätte. Es ist
eine sausende, herrliche Fahrt.

„Noch einmal!", sagt Laura, als sie

wieder oben sind. Aber Mama will zuerst
einkaufen.

Im Supermarkt ist es schrecklich voll.

Laura macht eine krause Nase und sagt:
„Ich bleibe draußen bei meinem
Schlitten."

Mama kommt und kommt nicht wieder.
Laura hat Langeweile. Außerdem kriegt
sie kalte Füße. Ob sie nicht rasch einmal
zum Heckelsberg laufen soll?

Schon macht sie sich auf den Weg.
Schon steht sie oben an der schönen

langen Rodelbahn. Sie setzt sich auf ihren Schlitten und bringt ihn mit beiden Beinen in Schwung.

Der Wind beißt in die Nase und singt in den Ohren. Da kommt die Kurve! Laura weiß nicht genau, mit welchem Fuß sie lenken muss. Der Schlitten fährt geradeaus und landet mitten in einem Schneehaufen.

Laura hat Schnee im Mund, in den Augen, im Nacken und in den Ärmeln. Sie rappelt sich auf und befreit ihren

Schlitten. Dann stapft sie den Berg hinauf. Das ist gar nicht so leicht. Sie rutscht und der große Schlitten zerrt sie nach hinten.

Da hört sie ein lautes Geschrei. Oben am Berg sieht sie eine Menge großer Jungen. Die schwenken ihre Schulranzen und schubsen sich. Laura weiß sofort, dass da nichts Gutes auf sie wartet.

In der Mitte steht ein langer Junge mit kurzen braunen Strubbelhaaren und roten abstehenden Ohren. Er trägt einen dicken blauen Pullover mit einem weißen Schal darüber. Laura denkt, dass sie ihn schon einmal irgendwo gesehen hat. Aber sie weiß nicht, wo.

„Das ist unsere Bahn!", ruft der lange Junge. „Gartenzwerge haben hier nichts zu suchen!" Dann zieht er die Schnur aus Lauras Hand und gibt dem Schlitten einen Tritt. In schlingernden Kurven saust er nach unten.

Laura segelt rutschend und stolpernd hinterdrein. Verzweifelt macht sie sich daran, den Schlitten abermals den Berg hinaufzuziehen.

Die Jungen laufen ihr entgegen. Der lange reißt ihr die Schnur aus der Hand. Wieder saust der Schlitten zu Tal. Laura weint vor Zorn und Angst. Gewiss wird sie den Berg niemals hinaufkommen!

Sie hockt sich auf den Schlitten und
überlegt, wo sie den Jungen mit dem
blauen Pullover schon einmal gesehen
hat. Aber es fällt ihr nicht ein. Warum ist
er so böse? Sie hat ihm doch gar nichts
getan.

Da schreit ein anderer Junge: „Achtung,
Theo! Pass auf!"

Lauras Herz klopft wie wild bis zum Hals. Nun weiß sie es: Der böse Junge sieht genauso aus wie der Stoffmatrose Theodor. Vielleicht ist er es. Vielleicht will er sich rächen.

Sie wischt ihre Tränen ab und stapft zum dritten Mal den steilen Berg hinauf. Vor dem langen Theo bleibt sie stehen und sagt: „Ach, Theodor, lass mich vorbei! Komm, Theodor, wir wollen uns wieder vertragen!"

Aber der Junge lacht nur und greift schon wieder nach der Schlittenschnur. Hilflos schaut Laura sich um. Da hüpft ihr Herz wie ein befreiter Vogel. Mama kommt! Mama ist da. Nun wird alles gut werden.

„Schämt euch!", sagt Mama, sonst nichts. Da laufen die Jungen davon.

Zu Hause sitzt der Stoffmatrose Theodor immer noch auf der Fensterbank. Schneeflocken hängen in seinen braunen Haaren. Laura holt ihn herein und nimmt ihm den Schal ab. Leise sagt sie: „Komm, Theodor, wir wollen uns wieder vertragen!"

Aber Theodor starrt stumm gegen die Decke. Laura packt ihn in den Puppenwagen und deckt ihn gut zu. So bald kommt er ihr nicht wieder aus dem Haus.

Der Nikolaus braucht Hilfe

Pit liegt im Krankenhaus. Er hat sich beim Herumbolzen den Fuß gebrochen. Es war aber auch dumm von ihm, aus Ärger über den verschossenen Strafstoß an den Torpfosten zu treten.

Jetzt ist Pits Bein eingegipst. Und so etwas passiert in Pits Lieblingsmonat Dezember.

Die Adventswochen sind für ihn immer die schönste Zeit im Jahr. Er würde lieber Schlitten fahren oder über den Weihnachtsmarkt bummeln und Bratäpfel und Zuckerwatte essen, als hier im Krankenhaus zu liegen.

Inzwischen hat Pit glücklicherweise kaum noch Schmerzen. Seine Eltern haben ihn gut versorgt. Auf dem Bettschränkchen steht ein kleiner Tannenbaum mit roten Kugeln. Seine Lieblingsbücher und Naschereien liegen daneben. Aus seinem Walkman klingen

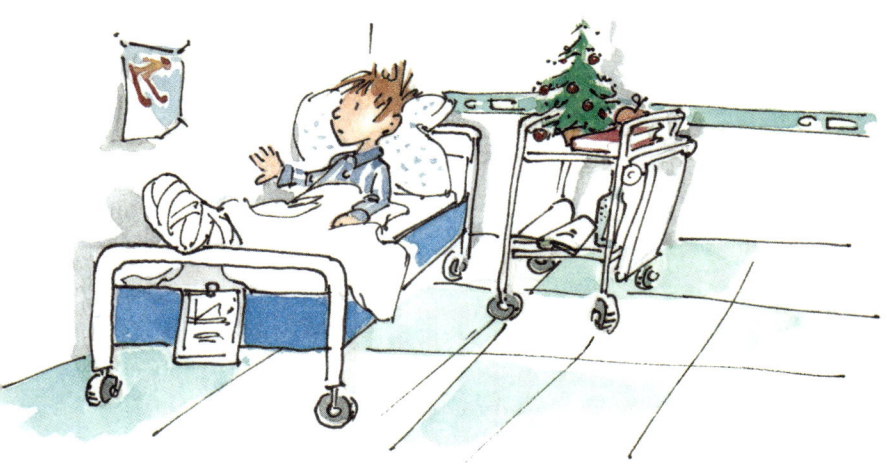

Weihnachtslieder und Pit liest in einem
Buch mit Nikolausgeschichten. Aus dem
Nebenzimmer hört er Stimmen und
Lachen. Am liebsten würde er aufspringen
und zu den anderen Kindern laufen. Zu
blöd, dass er in einem Einzelzimmer liegt.
  Manchmal hört Pit ganz deutlich eine
Mädchenstimme heraus, sie klingt hell,
mal lustig und mal ernst. Er versucht, sich
vorzustellen, wie das Mädchen wohl
aussieht. Hat es schwarze oder helle
Haare? Braune oder blaue Augen?

Vielleicht neunundneunzig Sommersprossen und eine einwandfreie Stups-
nase?

Heißt das Mädchen vielleicht Katrin,
Anna, Simone oder Susi?

Pit klopft an die Wand. Er wartet ein
Weilchen. Es klopft einmal zurück. Pit
klopft zweimal, danach dreimal. Und
immer bekommt er Antwort. Er versucht,
seine Frage *Wer bist du?* in Klopfzeichen
zu bringen. Aber die Antwort kann er nicht
entschlüsseln. Über der Klopferei schläft
er ein und träumt von einem Mädchen,
das aussieht wie Pippi Langstrumpf.
Es rennt vor ihm her und ruft: „Fang
mich!"

Am nächsten Morgen wird Pit von einem
Klopfen geweckt. Dann klopft es noch
einmal. Aber nicht an die Wand, sondern
an die Tür. Pit ist augenblicklich hellwach.
Das muss seine Klopffreundin sein!

Die Tür wird aufgestoßen und herein
tritt – der Nikolaus!

„Du?", fragt Pit überrascht und ein wenig enttäuscht.

Der Nikolaus setzt ächzend seinen großen Sack ab.

„Ja, Pit, weißt du denn nicht, dass heute Nikolaustag ist? Da hast du bestimmt auch einen Wunsch?"

Pit überlegt. Er hat, was er braucht. Schließlich sagt er: „Doch, ich habe einen Wunsch. Ich möchte gern die Kinder in den anderen Zimmern kennenlernen."

Der Nikolaus sieht auf Pits krankes Bein. Er wiegt bedenklich den Kopf. Dann sagt er: „Nun gut. Ich ernenne dich zum Helfer des Nikolaus. Die Arbeit wird mir allein ohnehin zu viel."

„Gute Idee", sagt Pit. „Aber ich kann nicht laufen."

Der Nikolaus hebt den Sack mit den Geschenken auf das Bett. „Na, das kriegen wir schon hin."

Der Nikolaus schiebt Pit in seinem Bett durch das Krankenhaus. Er schüttelt eine Handglocke und ruft: „Von drauß' vom Walde komm ich her, ich will euch sagen, es weihnachtet sehr …"

Der Nikolaus öffnet eine Tür nach der anderen. Pit hilft dem Nikolaus, Geschenke an die Kinder zu verteilen. Manche müssen wie er im Bett liegen. Und andere dürfen herumlaufen. Er unterhält sich mit den Kindern, lässt sich den neuesten Krankenhauswitz erzählen und wünscht gute Besserung.

Dann ist nur noch eine Zimmertür ungeöffnet. Es ist die Tür des Zimmers, in dem Pits Klopffreundin liegt. Nun bekommt Pit doch Herzwummern.

Als der Nikolaus die Tür öffnet, sieht Pit fünf Mädchen in fünf Betten liegen. Drei Betten stehen an der Wand zu Pits Zimmer. Pit sieht den Mädchen ins Gesicht. Mit den Augen fragt er jede: *Bist du's?*

Da blinkert ein Mädchen mit den Augen: *Ja, ich bin's!* Es sieht tatsächlich aus wie Pippi Langstrumpf. Das Mädchen hat

einen Verband um den Kopf, in dem eine
bunte Feder steckt.

„Ich heiße Pit", stellt sich Pit vor.

„Ich bin Sarah." Das Mädchen lacht
und Pit muss mitlachen. Nun lachen auch
die anderen Kinder. Und der Nikolaus mit
seinem Brummbass stimmt auch mit ein.

Der Nikolaus bringt Pit in sein Zimmer
zurück und verabschiedet sich. Pit klopft
sogleich an die Wand: *Ich finde dich ganz
toll, Sarah.*

Und es klopft zurück: *Du gefällst mir
auch, Pit.*

Warum das Christkind später kommt

Normalerweise kommt das Christkind bei uns immer um ungefähr 17 Uhr am Heiligabend. Dann nämlich, wenn es richtig dunkel ist draußen.

Aber heute ist es 17 Uhr und kein Christkind ist in Sicht. Das Weihnachtszimmer ist noch verschlossen, und Mama hat uns allen gesagt, wir müssen noch wenigstens ein bis zwei Stunden warten. Und warum?

Ich bin der Einzige, der es weiß. Ich weiß es ganz genau, denn ich habe heute Morgen den Plätzchenduft aus der Küche gerochen. Und das ist für Heiligabend ganz ungewöhnlich bei uns.

Ich habe ein richtig schlechtes Gewissen. Ich erzähle am besten ganz von vorne.

Die Geschichte beginnt am ersten Advent. Am ersten Advent fangen wir in

jedem Jahr an, Plätzchen zu backen für
Weihnachten. Jeden Nachmittag duftet
das ganze Haus nach Weihnachtsgebäck,
nach Koriander, nach Zimt, nach Kokos ...
Und am Ende dieser ersten Advents-
woche sind all unsere Keksdosen auf dem
Küchenschrank bis oben gefüllt. Das ist
natürlich gefährlich, denn Weihnachtsgebäck schmeckt viel zu gut!

Mama erlaubt uns sogar, dass wir in der Adventszeit, wenn wir Lust haben auf ein Plätzchen, mal an den Schrank steigen und uns ein Plätzchen holen.

„Aber eins", hat Mama gesagt. „Wirklich nur eins." Sie hat uns zugezwinkert und gesagt: „Das waren dann die kleinen Weihnachtsmäuse. Und eins und immer mal eins naschen Weihnachtsmäuse schon mal."

Und das genau ist der Knackpunkt. Ich bin in der Adventszeit zu oft an den Küchenschrank gestiegen, hab mir erst immer wirklich nur eins geholt, dann zwei, dann drei. Aber die Plätzchen waren sooooo lecker! Ich habe sie ganz langsam gegessen. Und hab noch eins stibitzt. Und noch eins ... Als die Dose immer leerer wurde, habe ich oben eine Lage Plätzchen gelassen, aber unten habe ich die Dose immer weiter und weiter mit geknülltem Zeitungspapier aufgefüllt ...

Und ich weiß genau, was heute Morgen passiert ist.

Am Morgen des Heiligabends holt Mama nämlich immer die Keksdosen vom Schrank. Sie stellt sie vor sich auf den Küchentisch, holt die Pappteller für den Weihnachtstisch heraus und füllt die Teller für den Abend. Das ist schön. Manchmal darf ich ihr sogar helfen.

Aber in diesem Jahr war das ein bisschen anders. Ich stand vor der Küchentür und mochte nicht reingehen. Ich habe nur gelauscht, was Mama sagte.

Als Mama nämlich hinter der Tür die erste Dose aufmachte, rief sie auf einmal „Ah!" und „Oh!". Denn sie hatte entdeckt, dass in den Dosen nur noch ganz oben Plätzchen waren, darunter nur geknülltes Zeitungspapier, eine Lage nach der anderen.

Weil aber Heiligabend ist, hat Mama heute Morgen nicht geschimpft. Sie hat etwas ganz Einfaches gemacht: Sie hat sich hingestellt und einen neuen Teig gemacht, den Teig ausgerollt und neue Plätzchen gebacken.

Deswegen der herrliche Duft am Heiligabend. Aber dadurch ist Mama mit dem

Kochen für Weihnachten nicht fertig geworden. Dadurch ist sie nicht fertig geworden mit dem Weihnachtszimmer, dadurch ist sie nicht fertig geworden mit allem, allem, allem, was man am Heiligabend tun muss ...

Und deswegen, deswegen müssen wir jetzt warten, bis das Christkindglöckchen aus dem Weihnachtszimmer klingelt. Und das kann noch dauern! Hoffentlich kommt es bald! Ich schaue auf die Uhr, es ist fast halb sieben. Und ich bin so aufgeregt. Hätte ich doch nur nichts stibitzt. Nie wieder tu ich das!

„Wann kommt denn das Christkind endlich?", fragt meine kleine Schwester.

Mama schaut mich an und sagt: „Florian weiß das."

Ich werde ganz rot.

„Bald", sage ich ihr. Ich streichle ihr über den Kopf.

Da klingelt das Glöckchen. Endlich! Wir stürzen alle ins Weihnachtszimmer.

Wer ist denn nun der Nikolaus?

Richard schreckt hoch. Für einen Augenblick weiß er nicht, wo er ist. Er hat eben noch von einer Schlittenfahrt geträumt, den Mount Everest hinunter, das ist der höchste Berg der Welt: 8848 Meter Schussfahrt vom Gipfel bis ins Tal.

Aber jetzt sitzt er zu Hause in seinem Bett. Es ist schon hell. Vor dem Fenster zetern die Spatzen. Irgendetwas hat ihn geweckt.

Richard lauscht. Aber es ist ganz still in der Wohnung. Selbst der Wellensittich *Pinki* hält ausnahmsweise den Schnabel. Die Eltern sind schon zur Arbeit. Richard hat Schnupfen und darf heute nicht zur Schule gehen. Gegen Mittag kommt Mama wieder.

Richard zuckt zusammen. Doch es ist nur der Wecker, der schrill klingelt. Der Junge springt aus dem Bett. Er macht

einen Kopfstand, zählt bis zehn, kommt wieder auf die Beine und ist putzmunter.

Nun öffnet er am Adventskalender das Fenster Nummer sechs. Ein weißbärtiges Gesicht mit roter Knollennase und Zipfelmütze lacht ihm entgegen.

„Heute ist Nikolaustag!" Richard freut sich. „Mann, das hätte ich fast vergessen."

Er will zur Wohnungstür laufen und nachschauen, ob ein Geschenk in seinem Schuh steckt. Aber auf halbem Weg bleibt er stehen. Da ist es wieder – dieses Geräusch, das ihn geweckt hat!

Es ist ein Kratzen und Schaben, ein Pochen und Ächzen.

Nur gut, dass Richard noch im Schlafanzug ist, sonst würde ihm glatt das Herz in die Hose fallen. Aber seine Neugier ist größer als seine Angst. Er sagt zu sich: „Gespenster am frühen Morgen – wo gibt's denn so was?"

Die Geräusche kommen von der Wohnungstür. Nein, von draußen, aus dem Treppenhaus. Richard schleicht näher. Aus dem Schirmständer greift er sich Vaters Stockschirm. Er holt dreimal tief Luft, holt mit dem Schirm aus – und reißt die Wohnungstür auf.

Zwei Schreckensrufe erklingen. Der eine kommt von Richard. Der andere von einem fremden Mann, der vor der Tür steht. Er ist schon ziemlich alt, trägt eine Pudelmütze und einen langen Mantel. Auf seinem Rücken hat er einen großen Rucksack.

„Wer sind Sie denn?", ruft Richard.

„Ja, ich bin … ich bin …", stottert der Alte. „Ich … ich bin der Nikolaus."

„Warum sagen Sie das nicht gleich?" Richard muss nun nicht mehr zittern und mit den Zähnen klappern. „Haben Sie mir ein Geschenk mitgebracht?"

„Ein Geschenk?" Der Alte hustet. Dann klopft er seine Manteltaschen ab. „Wo ist es doch gleich, wo hab ich es denn?"

Während der Alte kopfschüttelnd in seinem Rucksack kramt, sind im Treppenhaus stapfende Schritte zu hören. Sie kommen näher. Eine rote Zipfelmütze ist zu sehen, dann eine rote Knollennase, ein weißer Rauschebart und schließlich ein langer Mantel und schmutzige Stiefel.

„Noch ein Nikolaus!", ruft Richard überrascht.

Die beiden Alten stehen sich erstaunt gegenüber.

Richard kneift sich, sagt das Alphabet und das Einmaleins rückwärts auf. Nein, er träumt nicht. Aber vielleicht spinnt hier einer. Er ruft: „Wer ist denn nun der Nikolaus?"

„Natürlich bin ich der Nikolaus!", ruft der eine.

„Niemals! Ich bin der Nikolaus!", ruft der andere.

70

„So was gibt's nicht einmal im Traum",
denkt Richard. Die beiden Nikolause
knurren einander wütend an. Richard
muss sich etwas einfallen lassen. Er sagt:
„Seien Sie beide ganz friedlich! Ich kläre
die Sache."

  Der Junge nimmt die beiden Nikolaus-
säcke und schüttet sie aus. Im Sack des
zweiten Nikolaus sind Geschenkpäckchen.
Aus dem Rucksack des ersten Nikolaus
fallen Werkzeuge.

  „Entschuldigung!", sagt der Alte mit der

Pudelmütze, rafft sein Werkzeug in den Rucksack und ergreift polternd die Flucht.

„Ein Einbrecher. Das glaubt mir keiner."

Richard dreht an der Knollennase des übrig gebliebenen Nikolaus. „Bist wenigstens du echt?"

„Auaaa!", schreit der Nikolaus empört und haut Richard mit der Rute auf den Hintern.

Na, wenn das kein aufregender Nikolaustag ist!

Unter dem Eis

Johannes schaut sehnsüchtig auf das Thermometer draußen am Fenster. Ist es wirklich wahr? Johannes schaut ein zweites Mal hin, und tatsächlich: fünf Grad minus.

„Ja!", jubelt Johannes, schleudert seine Arme in die Luft und flitzt zu seinen Eltern.

„Es ist so weit!", ruft er begeistert und tanzt um den Küchentisch herum. „Fünf minus! Fünf minus!" Marcel, Johannes' kleiner Bruder, kommt in die Küche gerannt, um zu sehen, was los ist. Aber es geht wieder mal nur ums Schlittschuh-laufen.

„Du hast ja einen Vogel", sagt Marcel und tippt mit dem Zeigefinger gegen seine Stirn. „Einen Schlittschuhvogel."

Schon vor zwei Monaten hat Johannes seine Hockey-Schlittschuhe aus dem Keller geholt und neben sein Bett gestellt. Aber die Seen wollten und wollten nicht zufrieren! Dabei ist doch für Ende Januar das Eiswettlaufen angesagt! Auf dem Dorfsee. Wie jedes Jahr.

„Fünf Grad minus sind spitze", frohlockt Johannes. „Wenn es so kalt bleibt, dann kann es bald losgehen!"

Auf keinen Fall will Johannes so eine Schlappe erleben wie im letzten Jahr. Da hat er sich als einer der Letzten durchs Ziel gequält. Dieses Jahr wird er jede freie Minute trainieren. Auf seinem Geheimsee, ganz versteckt im Wald.

Acht Tage später hat die Eislaufsaison endlich begonnen. Johannes schärft die Kufen seiner Hockeys und zieht los.

„Kann ich mitkommen, Hannes?" Marcel steht in der Haustür und wirft sich hastig seinen Anorak über. „Warte auf mich! Ich will mit!"

Marcel setzt seinen super Dackelblick auf, mit dem er alle Erwachsenen immer rumkriegt. Aber Johannes ist nicht

74

erwachsen und außerdem Marcels Bruder
und schüttelt den Kopf.

„Zu gefährlich, Kleiner. Es sind überall
Löcher im See. Vom Eisfischen. Da muss
man verdammt aufpassen."

Marcel dreht ab und schlägt beleidigt
die Tür hinter sich zu. Als ob die Löcher
im Eis für Johannes nicht gefährlich
wären! Aber Johannes fühlt sich sicher.
Er kennt den See wie seine Westentasche
und muss dringend fürs Eiswettlaufen
trainieren. Dieses Jahr will er unbedingt
zu den Ersten gehören!

Entschlossen stapft Johannes über die Wiese hinter dem Haus. Die feine Schneeschicht, die über allem liegt, glitzert wie tausend Funkelsterne. Kaum vorstellbar, dass hier im Sommer die Pferde weiden. Jetzt sieht die Koppel eher aus wie ein mit Puderzucker bestreuter Kuchen, den ein Riese für seine Freundin gebacken hat.

Als Johannes den Waldrand erreicht,

biegt er in einen schmalen Pfad ein. Eine Abkürzung, die nur er kennt. Der Wald liegt in tiefem Winterschlaf. Kein Vogel ist zu sehen, keine Menschenseele weit und breit.

„Los, Johannes", flüstern ihm die Bäume zu, „du schaffst es …"

Nach zehn Minuten erreicht Johannes den See. Er liegt ziemlich versteckt in einer Senke im Wald. Seine Freunde trainieren alle auf dem Dorfsee. Die werden sich wundern, wo Johannes bleibt. Aber dieses Jahr wird er sie alle überraschen!

Johannes zieht seine Hockeys an und läuft erst mal zwei schneckenlahme Erkundungsrunden, um die Löcher im Eis ausfindig zu machen. Sie liegen alle in der Nähe vom Ufer und sind ziemlich schlecht zu sehen, wegen des Schnees. Aber was soll's? Bei acht Grad minus sind die Löcher bestimmt längst wieder zugefroren.

   Das Eis ist wunderbar glatt, und die frisch
geschliffenen Kufen lassen Johannes
schwerelos über das Eis gleiten. Er läuft
fünf Runden hintereinander und stoppt
dann die Zeit mit seiner Armbanduhr.
Genau 4 Minuten! Beim nächsten Mal
ist er schon 20 Sekunden schneller.
Nicht übel! Dann startet er zum dritten
Mal. 2 Minuten 50 wäre seine Traumzeit!
Damit würde er seinen eigenen Rekord
brechen! Johannes stößt sich kraftvoll vom
Eis ab, nimmt die Arme schwungvoll mit
und fliegt nur so dahin. Ein unheimlich

schönes Gefühl ist das! Plötzlich gibt der Boden unter seinen Füßen nach und eiskaltes Wasser schwappt ihm entgegen. Johannes ist eingebrochen! Genau an einer Stelle, wo ein Loch war! Sein ganzes linkes Bein befindet sich bis zur Hüfte im Wasser! Johannes' Herz fängt an zu rasen.

„Nur keine Panik!", mahnt da eine Stimme in ihm. „Ganz ruhig bleiben, Johannes." Johannes presst sein rechtes Bein flach auf das Eis, um sein Gewicht zu verteilen und nicht noch weiter einzubrechen. Dann versucht er, seinen Oberkörper vom Loch fortzuschieben und das eingebrochene Bein nachzuziehen. Aber seine Muskeln wollen nicht gehorchen. Die Kälte hat sie ganz lahm gemacht. Johannes muss seinen ganzen Willen zusammennehmen, bis es schließlich gelingt. „Vorsichtig", erinnert er sich immer wieder. „Eine falsche Bewegung und das Eis bricht weiter …"

Plötzlich spürt Johannes, wie seine nassen Sachen am Eis festfrieren! Er reißt sich los, schiebt sich schnell weiter aufs sichere Eis und springt auf. In Windeseile zerrt er seine nassen Kleider vom Körper. Sonst friert er noch fest wie ein Eiszapfen! Splitterfasernackt und ohne Schuhe rennt

Johannes los, das Seeufer hoch und ab
durch den Wald. Die Kälte sticht wie
tausend Nadelspitzen in seine Haut.

Fünf Minuten später liegt Johannes in
der warmen Badewanne und bekommt
von seiner Mutter heißen Tee eingeflößt.
Marcel sitzt wortlos auf dem Klodeckel
und starrt seinen Bruder an.

„Du könntest auch tot sein, stimmt's?",
fragt er irgendwann.

Johannes nickt und seine Mutter schluckt. Da rennt Marcel in sein Zimmer und kommt mit seinem Lieblingsbadewannenboot zurück.

„Hier, schenk ich dir", sagt er und lässt das Boot neben Johannes ins Wasser plumpsen. „Aber nur, wenn du nie wieder so einen Mist machst."

Johannes nickt. Das hätte er Marcel auch ohne Boot versprochen. So blöd, auf unsicherem Eis Schlittschuh zu laufen, und das auch noch alleine, ist man schließlich nur einmal. Aber zum Glück hat Johannes einen guten Schutzengel gehabt.

Der Christkindtrick

„Die Zimmer werden in Ordnung gebracht." Mama stellte sich mitten ins
Zimmer und stemmte die Hände in die
Hüften. Das bedeutete immer, dass Mama
ganz entschieden war, dass sie sich
keinen Fatz abbringen ließe von dem, was
sie wollte. Und mit dieser Entschiedenheit
der Hände in den Hüften sagte sie noch
einmal: „Die Zimmer werden in Ordnung
gebracht. Das ist mein letztes Wort. Sonst
kommt das Christkind nicht."

   Es war drei Tage vor Weihnachten.
Mama war dabei ziemlich laut. Ich wusste,
was das bedeutete, Motzi wusste das
genauso und Bär schlich langsam heran.

Er nickte, er wusste es auch. Das ziemlich Laute bedeutete nämlich: „Ich bekomme gleich einen Ohnmachtsanfall! So feiern wir nicht Weihnachten." Und das sagte Mama ganz langsam und deutlich zu uns allen. Als Erstes zu mir.

Ich heiße übrigens Stefan, meine Schwester nennen wir Motzi, die ist vierzehn. Mein älterer Bruder heißt Bär, der ist zehn. Und dann haben wir noch einen Fruchtzwerg, Luisa, die ist vier Jahre alt. Die glaubt noch ans Christkind.

Wir Großen wissen natürlich längst Bescheid, dass es ein Christkind nicht echt gibt, aber Luisa, die glaubt noch daran. Und das benutzte Mama als Trick. Echt gemein!

Unsere Zimmer sahen wirklich aus wie Schlachtfelder, als hätten da kreuz und quer irgendwelche Sachen eingeschlagen. Ich glaube, mein Zimmer war am schlimmsten.

Ich hatte für Weihnachten gebastelt und beim Basteln waren mir die Legosteine umgekippt, dann war mir die Bastelfolie da reingekommen, Engelshaar hatte sich dazwischengesetzt, und dann waren da noch die Klötze von Luisa. Und obendrauf meine Schularbeiten, Hausaufgaben, drei Schulbücher, ein bisschen zerfetzt und mit Eselsohren. Das war mein Zimmer. Motzis Zimmer sah ähnlich aus.

Übrigens, Motzi heißt Motzi, weil sie vierzehn ist. Und wer keine 14-jährige Schwester hat, dem verrat ich an dieser Stelle schon mal, dass 14-Jährige eigentlich von morgens bis abends motzen. Sie motzen, wenn sie aufstehen am Morgen, sie motzen, wenn sie ins Bett gehen müssen, sie motzen, wenn sie zur Schule gehen, sie motzen, wenn es Mittagessen gibt, denn das Essen schmeckt nicht ... Kurz gesagt: Sie motzen immer.

Jedenfalls machten wir uns alle dran, unsere Zimmer aufzuräumen. Ich machte mir einen genauen Plan. Ich fing links vorne in der Ecke an, dann wollte ich mich langsam durcharbeiten bis hinten. Als ich aber nur drei Zentimeter weiter war, hatte ich eigentlich keine Lust mehr. Ich ließ alles fallen und las in einem Mickymausheft. Aufräumen ist langweilig.

Im gleichen Augenblick kam auch Motzi um die Ecke und sagte: „Ich räum kein Stück mehr auf."

Das hatte Luisa gehört. Luisa kam ganz aufgeregt angerannt und sagte zu Motzi: „Du musst aber aufräumen, sonst kommt das Christkind nicht." Mamas fieser Trick.

Und weil uns Luisa leidtat und wir ihr in ihrem Babyalter noch nicht den Christkindglauben rauben wollten, räumten wir ein bisschen weiter auf, vielleicht zwei Zentimeter weiter.

Langsam wälzte sich die Aufräummaschine durch das Zimmer.

Dann fiel mir wieder ein Mickymausheft in die Hände. Ich hatte allerdings Angst, dass Luisa sofort angerannt käme: „Das Christkind kommt nicht. Mensch, räum auf!" Allerdings war nicht nur Luisa da, sondern auch Mama hatte angekündigt, dass sie in zwei Stunden sehen wollte, ob unsere Zimmer in Ordnung wären.

Also musste ich weitermachen. Wieder zwei Zentimeter. Wieder ein Mickymaus-heft. Und als ich gerade an der besten Stelle war, trottete doch wahrhaftig Luisa in mein Zimmer und sagte: „Du musst aufräumen, denk an das Christkind. Wünschst du dir nichts zu Weihnachten?"

Natürlich wünschte ich mir etwas zu
Weihnachten, aber ich konnte ja dem
Fruchtzwerg nicht alles verraten. Auch
nicht den fiesen Mama-Christkindtrick.
Also machte ich weiter.

Als ich mich halb durchgewühlt hatte,
beschloss ich, meine Bettschublade zu
nehmen und den Rest hineinzukippen.
Gesagt, getan. Mein Zimmer war
aufgeräumt.

Ich schlenderte rüber zu Motzi. Die stand noch im Chaos. Da fing Luisa an, Motzi zu bearbeiten. Motzi zwinkerte mir zu: „Ja, Luisa, das Christkind soll ja kommen."

Also machte auch sie weiter. Und schließlich halfen wir alle Motzi dabei, ihr Zimmer aufzuräumen. Ich war ein bisschen sauer, weil Motzi das immer so macht. Motzi hat immer ihre Diener.

Nach zwei Stunden, genau auf die Minute, schaute Mama rein. Sie guckte erst in mein Zimmer, sagte nur kurz: „Prima!"

Dann ging sie ins nächste Zimmer. Sie war zufrieden.

„Dann kann das Christkind ja kommen!", rief Luisa.

„Ja", murmelte Mama, „das Christkind kann wirklich kommen. Es sieht alles picobello aus."

„Christkindtrick", murmelte Motzi leise, „aber wahrscheinlich das letzte Mal."

Der gestohlene Nikolaussack

Betty, Sabine und Hanne sind Drillinge. Eine sieht aus wie die andere. Aber nur für den, der nicht genau hinguckt. Denn Betty hat sieben Sommersprossen auf der Nase, Sabine elf und Hanne hat sogar dreizehn.

Sie wohnen auf einem Bauernhof und alle drei sind verliebt in Carlo, der am anderen Ende des Dorfes wohnt.

Betty, Sabine und Hanne haben alle Schuhe und Stiefel, die sie finden konnten, geputzt und bereitgestellt. Sie tuscheln und kichern, während sie auf den Nikolaus warten.

Endlich klopft es an die Tür. Eine brummige Stimme fragt: „Bin ich hier richtig bei Bauer Schulzes Drillingen?"

„Vollkommen richtig!", rufen die drei und reißen die Tür auf.

Der Nikolaus lässt jedes Mädchen ein

Gedicht aufsagen und fragt: „Seid ihr auch liebe Kinder?"

   „Aber klar doch!", rufen die Drillinge. „Wir beißen, petzen und spucken nicht! In Ordnung?"

   „In Ordnung", brummt der Nikolaus und füllt die Schuhe mit Geschenken. Dann stapft er wieder davon. Bauer Schulzes Esel Alfonso trabt ihm hinterher.

Betty beißt sofort in einen Apfel. Sabine versucht, ihr neues Puzzle zusammenzusetzen. Und Hanne liest in ihrem neuen Buch.

Plötzlich hören die drei großes Geschrei. Sie rennen nach draußen. Der Nikolaus steht händeringend auf dem Dorfplatz. „Mein Nikolaussack ist gestohlen worden! Gütiger Himmel, der Sack ist weg!"

Der Esel Alfonso rennt erschreckt davon. Von ihm ist nur noch die Schwanzquaste zu sehen.

„Geklaut?", rufen die Drillinge. „Wo gibt's denn so was?"

„Was weiß denn ich", antwortet der Nikolaus. „Ich habe den Sack abgesetzt, um ein bisschen auszuruhen. Dann wollte ich zu Carlo. Er ist der Letzte, den ich noch zu beschenken habe."

„Das ist doch unmöglich!", ruft Betty. „Carlo ist mein Freund! Und du hast kein Geschenk mehr für ihn!"

„Erstens ist es *mein* Carlo!", entgegnet Sabine. „Und zweitens hast du recht!"

„Hühnerschiet!", schreit Hanne. „Erstens und zweitens liebt Carlo *mich*! Und drittens muss der Sack mit den Geschenken wieder her!"

Der Nikolaus stöhnt und ächzt. Er setzt sich auf eine Bank, zaust seinen Bart und klagt: „Zeiten sind das! Was soll man da nur tun?"

„Keine Bange", trösten die Drillinge. „Wir bringen dir den Sack zurück."

Die drei machen sich sofort auf die Suche. Am Teichufer stöbern sie Enten und Gänse auf. Hinter jedes Hoftor sehen sie. In der Kirche schauen sie unter die

Bänke. In der Scheune stoßen sie mit der Gabel ins Heu. Aber sie finden nichts.

Dann hören sie etwas. Die Drillinge gehen den quietschenden, knarrenden und pfeifenden Tönen nach.

„Ia! Iiaa! Iiiiaaa!"

Der Esel Alfonso steht mit gespreizten Beinen in der Stalltür und schreit. Sein

Bauch ist trommeldick und neben Alfonso liegt der leere Nikolaussack.

„Alfonso, du Esel! Du hast Carlos Geschenke gefressen!"

Der Nikolaus kommt atemlos auf den Hof gerannt. „Na, das ist ja eine schöne Bescherung!" Dann sieht er in den Sack, ob Alfonso nicht doch ein Geschenk übrig gelassen hat. Aber im Sack ist nicht einmal Geschenkpapier übrig geblieben. Der Nikolaus hebt unglücklich die Arme und sagt: „Da muss Carlo in diesem Jahr ohne Geschenk bleiben."

„Das darf nicht sein!", rufen Hanne, Sabine und Betty. Sie rennen mit leeren Händen ins Haus und kommen mit vollen Armen zurück. Sie schütten ihre Geschenke in den Sack.

Der Nikolaus ist gerührt. Er schultert seinen Sack, murmelt „Liebe Kinder, brave Kinder" und geht davon.

Auf der Suche

Tobias und Michael waren Zwillinge. Doch
sie glichen sich keineswegs wie ein Ei
dem andern. Im Gegenteil: Sie waren sehr
verschieden.

  Tobias war ein stiller Junge. Oft saß er
stundenlang im Kinderzimmer und
bastelte, spielte oder las. Das fand
Michael langweilig. Er war viel lieber

draußen und heckte mit seinen Freunden tolle Streiche aus. Zu Hause blieb er nur, wenn es unbedingt sein musste.

Ausgerechnet kurz vor Weihnachten musste es wieder einmal unbedingt sein. Mutter ging mit Tobias zum Arzt. Danach wollte sie mit beiden in die Stadt fahren, um für jeden einen Anorak zu kaufen. Michael sollte in der Zwischenzeit zu Hause warten. Normalerweise wäre er deswegen ziemlich sauer gewesen. Doch diesmal freute er sich. Denn nun konnte er sich in aller Ruhe auf die Suche nach den Weihnachtsgeschenken machen.

„Wo könnte Mama sie nur versteckt haben?", fragte sich Michael. „Vielleicht auf dem Schrank im Schlafzimmer?"

Er holte die kleine Klappleiter und stieg hinauf. Geschenke entdeckte er zwar keine, aber dafür eine Schüssel mit Weihnachtsplätzchen. Sofort griff er hinein und schnappte sich eine Handvoll.

Während er Plätzchen mampfte, suchte

er weiter nach den Geschenken. Und er fand sie tatsächlich. Im Besenschrank waren zwei Schachteln versteckt. Auf einer stand „Michael", auf der andern „Tobias".

Michael nahm seine Schachtel heraus und öffnete sie neugierig. Eine Luftpumpe für seinen Fußball lag drin und – Michael hüpfte vor Freude: ein funkferngesteuerter Rennwagen! Den hatte er sich schon so lange gewünscht!

Michael nahm ihn in die Hand und betrachtete ihn von allen Seiten. Dann stellte er ihn auf den Boden, holte den Sender und ließ den Rennwagen fahren. Zuerst ganz langsam. Dann schneller und schneller.

Weil Michael noch keine Übung hatte, lenkte er im entscheidenden Moment in die falsche Richtung. Der Rennwagen steuerte nach rechts statt nach links und prallte mit voller Wucht gegen die Küchentür. Dabei brach das rechte Vorderrad ab.

Michael erschrak. Er kniete nieder und besah sich das Unglück. Tränen liefen ihm über die Wangen.

Plötzlich sprang er auf, lief zum Besenschrank und öffnete hastig die andere Schachtel. Ein Buch lag drin und auch ein Rennwagen. Den nahm er nun heraus und stellte ihn in seine Schachtel. Dann holte Michael Klebstoff, klebte das abgebrochene Rad wieder an und schob den Wagen vorsichtig in die Schachtel von Tobias. Zum Schluss stellte er alles wieder so hin, dass es aussah wie vorher.

An diesem Abend konnte Michael lange nicht einschlafen. Sobald er die Augen schloss, sah er das angeklebte Rad vor sich. Dabei klopfte sein Herz immer stärker und das Ameisengefühl im Bauch war kaum noch auszuhalten.

„Tobi", flüsterte er.

Tobias gab keine Antwort. Da stand Michael leise auf und schlich aus dem Zimmer.

Die Tür zum Wohnzimmer war nur angelehnt. Drinnen lief der Fernseher. Michael bückte sich und krabbelte auf allen vieren an der Tür vorbei. Gerade als er den Besenschrank öffnen wollte, kam die Mutter aus dem Wohnzimmer.

„Michael", sagte sie erstaunt. „Was machst du denn da?"

„Ich ... äh ... nichts", stotterte er. „Ich ... ich muss aufs Klo."

„Aufs Klo?", fragte die Mutter. „Dann bist du aber an der falschen Tür." Sie schüttelte den Kopf.

Michael sagte nichts mehr.

Er verschwand in Richtung Klo, setzte sich und wartete ein bisschen. Dann ließ er die Wasserspülung rauschen und ging wieder hinaus. Zum Glück stand Mutter nicht mehr draußen. Schnell lief er ins Kinderzimmer und schlüpfte in sein Bett.

„Morgen", sagte er zu sich selbst, „morgen tausche ich die Rennwagen wieder aus. Ganz bestimmt."

Am nächsten Tag konnte er in der Schule überhaupt nicht aufpassen und wurde von der Lehrerin geschimpft. Als die letzte Stunde zu Ende war, rannte Michael sofort nach Hause.

„Was ist denn mit dir los?", fragte Mutter überrascht. „Du kommst vor Tobias heim? Das hat es ja noch nie gegeben. Ist etwas passiert?"

„Nein", sagte Michael nur.

Mutter sah ihn fragend an. Und als Michael nach dem Mittagessen nicht wie sonst zu seinen Freunden ging, machte sie sich ernsthaft Sorgen. Sie legte Michael eine Hand auf die Stirn. „Hm, Fieber hast du nicht", sagte sie. „Aber irgendwas stimmt nicht mit dir. Das merke ich doch."

„In der Schule war er auch schon so komisch", sagte Tobias. „Frau Schneider hat ..."

„Halt die Klappe!", rief Michael und lief hinaus.

Im Kinderzimmer versetzte er der

Legoburg einen Tritt, dass sie krachend
auseinanderflog. Dann warf er sich aufs
Bett und heulte.

Wenig später kam Mutter und setzte
sich zu ihm. „Was hast du denn? Willst du
es mir nicht sagen?"

Michael rührte sich nicht.

„Hör mal, ich muss jetzt schnell den
Papa abholen", sagte Mutter. „Aber wenn

ich zurück bin, reden wir mal in Ruhe miteinander." Sie strich Michael liebevoll über den Kopf. Dann stand sie auf und ging hinaus.

Michael drehte sich um und wischte sich die Tränen weg. Er horchte, bis die Wohnungstür ins Schloss fiel.

Leise schlich er durch den Flur. Vor dem Wohnzimmer blieb er stehen und schaute kurz hinein. Tobias saß am Tisch und machte Hausaufgaben. Er bemerkte Michael gar nicht. Der lief schnell zum Besenschrank und riss die Tür auf.

Aber was war das? Er traute seinen Augen nicht. Die Schachteln mit den Geschenken waren verschwunden!

Michael stand eine ganze Weile wie benommen vor dem Schrank. Dann fing sein Gehirn wieder an zu arbeiten. „Was soll ich jetzt machen?", fragte er sich.

„Die Geschenke suchen? Einen neuen Rennwagen kaufen? Alles gestehen? Oder lieber nichts sagen?"

Michael schlich zurück ins Kinderzimmer und dachte lange nach. Dann wusste er, was er zu tun hatte ...

Wunschzettel sind keine Bestellzettel

Mama hat heute Morgen gesagt: „So ganz allmählich müsst ihr eure Christkindbriefe schreiben. Damit das Christkind auch weiß, was es euch schenken kann."

„Echt?", hat Jil gefragt. Sie sitzt am Schreibtisch, kaut auf dem Bleistift herum.

Was soll sie sich alles vom Christkind wünschen? Ihr fällt eine ganze Menge ein. Soll sie alles schreiben? Ja! Und sie beginnt.

Als Erstes malt sie oben auf das Blatt
einen Zweig und einen Engel. Sie schreibt
eifrig:

Wunschzettel

Eine Uhr (wasserfest zum Tauchen,
weil ich die beim Schwimm-
unterricht anbehalten kann);

ein Feuerwehrauto (wie Tom es hat), dann
können wir mit zwei
Feuerwehren spielen;

einen Verkehrsteppich, damit kann man richtig
Stadt spielen;

einen neuen Malkasten – mein alter ist
richtig versaut;

einen Fotoapparat – beim Klassenausflug möchte
ich den mitnehmen;

einen Fahrradkorb – mein Turnbeutel fliegt
sonst immer runter;

einen Lederfußball – ich will wahrscheinlich
Fußballerin werden;

ein Computerspiel, weil ich erst zwei habe;

ein Buch – das gehört zu Weihnachten!

Jil

Sie malt noch Verzierungen daneben, schaut sich ihren Christkindbrief an und ist sehr zufrieden.

Jetzt schreibt Jil noch „An das Christkind" auf den Umschlag, faltet den Brief hinein und klebt den Umschlag zu. Einen Tannenbaum malt sie als Briefmarke. Sie legt den Brief auf die Fensterbank, so wie im vergangenen Jahr auch. Dann wird er in der Nacht abgeholt.

Am nächsten Tag ist Chris bei Jil, sie spielen zusammen.

„Was bekommst du denn zu Weihnachten?", fragt Chris.

Da antwortet Jil: „Oh, ich bekomme ganz viel. Ich bekomme nämlich eine Uhr, ein Feuerwehrauto, einen Verkehrsteppich, einen Malkasten, einen Fotoapparat, einen Fahrradkorb, einen Lederfußball, ein Computerspiel und ein Buch."

„So viel?", fragt Chris erstaunt. „So viel bekomme ich nicht."

Doch Mama hat alles gehört, was Jil am Nachmittag Chris erzählt hat. Und am Abend nimmt sie ihre Jil auf den Schoß und sagt zu ihr: „Weißt du, Jil, ich will dir etwas erklären. Wunschzettel, die man ans Christkind schreibt, sind keine Bestellzettel. Du hast heute Nachmittag Chris aufgezählt, was du alles bekommst."

„Woher weißt du das denn?", will Jil die Mama unterbrechen, denn sie möchte, dass Mama endlich aufhört. Sie hält sich die Ohren zu.

Aber Mama macht einfach weiter: „Zu Weihnachten bekommt man von dem, was man sich wünscht, nur eine kleine Auswahl. Das weißt du doch! Du bist doch wirklich schon groß."

Jil nimmt die Hände von den Ohren, schaut die Mama an, hat den Finger am Mund, sitzt auf Mamas Schoß und nickt. Eigentlich wusste sie es ganz genau. Nur wollte sie eben alles.

Und da fragt Mama sie: „Und was
wünschst du dir am allermeisten?"

Jil guckt wieder langsam hoch zu Mama
und sagt: „Am allermeisten wünsche ich
mir den Fotoapparat, den Fahrradkorb und
den Lederfußball. Denn", sie überlegt,
„den Fotoapparat wollte ich zum Klassenausflug mitnehmen, den Fahrradkorb
brauch ich, wenn ich zum Sport fahre, und
den Lederfußball, du weißt ja."

Ja, Mama weiß, dass Jil davon träumt,
Fußballerin zu werden.

„Und die anderen Sachen?"

„Und die anderen Sachen", sagt Jil, „die hätte ich auch supergerne, aber wenn's denn sein muss, dann bekomme ich sie eben nicht." Sie seufzt. „Wunschzettel sind eben keine Bestellzettel."

Der Engel im Flugzeug

„Mann, fliegen, das muss toll sein!
Thomas, du bist ein Glückspilz!", ruft
Florian. „Du, bring mir doch eine Ansichts-
karte von dem Jumbojet mit! Die gibt's
kostenlos von der Stewardess." Das weiß
Florian von seinem Onkel. Der ist nämlich
Pilot.

  „Ja, das wird bestimmt schön", meint
Thomas zögernd.

Er weiß nicht recht, was er sagen soll. Alle in seiner Klasse beneiden ihn, weil er nächste Woche zum ersten Mal fliegen darf, aber ihm ist es ziemlich mulmig bei dem Gedanken.

Am liebsten würde er gar nicht fliegen, aber das sagt er niemandem. Thomas mag auch nicht gern über hohe Brücken gehen. Und neulich im Schwimmbad ist er sogar vom Einmeterbrett wieder hinuntergeklettert, weil es ihm so schrecklich hoch vorkam, als er bis auf den Boden des Schwimmbeckens sehen konnte.

„Aber dann in Spanien", lenkt Thomas auf ein anderes Thema, „das wird wieder eine elende Lauferei durch die Kirchen! Mein Vater bleibt bestimmt vor jedem Engel stehen und knipst. Weil er zu Hause mit seinen Dias angeben will."

„Aber ihr fahrt doch danach zum Baden ans Meer. Wird bestimmt ein toller Urlaub!" Da ist sich Florian ganz sicher.

Und nun sitzt Thomas ganz allein in der hintersten Reihe im Flugzeug.

Sein Vater sitzt drei Reihen vor ihm und Mama ganz vorne. Vorhin hat Papa noch mal zu Thomas nach hinten geschaut und gewinkt.

Beim Einchecken hatte die Dame am Schalter gesagt: „Tut mir leid, wir sind total ausgebucht. Ich hab nur noch drei Einzelplätze." Dann guckte sie Thomas

an und meinte aufmunternd: „Die zwei
Stunden Flug, das geht schnell vorbei.
Schließlich bist du schon ein großer
Junge. Und dafür hast du ja auch einen
Fensterplatz!"

Thomas weiß nicht, ob er das so gut
finden soll. Jetzt flattert es noch ein
bisschen mehr in seinem Magen.

Zu sehen gibt es allerdings eine ganze
Menge. Auf der anderen Rollbahn startet
ein Jumbo. Sieht schon stark aus, wie

der Riesenvogel abhebt. Höher und höher fliegt er in den blauen Himmel hinein. Bis zu den Wolken. Ob da Engel draufsitzen? Und sich die Ohren zuhalten, wenn so ein Ungetüm an ihnen vorbei-rast?

Engel – so ein Blödsinn! Wie er jetzt bloß darauf kommen kann.

Vor ein paar Jahren im Kindergarten, da hat er Engel gemalt. Die hat die Mutter alle im Kinderzimmer aufgehängt. Aber jetzt hängen da längst seine Stars und ganz viele Fußballposter.

„Hast du dich gut angeschnallt?", hört er plötzlich eine tiefe Stimme neben sich.

Komisch, den Herrn hat er vorher noch gar nicht bemerkt.

Aber da ruckelt und schuckelt die Maschine schon.

Die Motoren heulen auf. Thomas möchte sich am liebsten die Ohren zuhalten. Obwohl es eigentlich gar nicht so laut ist.

   Ganz schnell sausen sie auf der
Startbahn dahin, bis sich das große
Flugzeug in die Luft erhebt.
   „Wir bitten Sie, während des ganzen
Fluges angeschnallt zu bleiben. Wir
haben starke Turbulenzen über dem
Mittelmeer zu erwarten", hört er eine
Stimme durchs Mikrofon.
   Thomas wird es ganz flau im Magen.
Vor dem Fenster ziehen dicht geballte
Wolken vorbei.
   Schrecklich, wie der Flugzeugflügel
schwankt. Das kann Thomas genau
sehen. Mann, wenn der Flügel abbricht!

Wenn wir abstürzen! Über den Bergen oder über dem Meer!

Thomas kriegt ganz kalte Hände.

„Du fliegst wohl zum ersten Mal?", hört er auf einmal die ruhige Stimme neben sich.

Thomas nickt.

„Da ist es einem schon etwas komisch zumute. Ich hatte als Kind auch oft Angst, wenn mein Vater mich in seinem Fischerboot mit hinaus aufs Meer nahm. Das schwankte so auf den hohen Wellen, ähnlich wie hier im Flugzeug."

„Und jetzt haben Sie keine Angst mehr?", fragt Thomas.

Er guckt den Herrn von der Seite an. „Ist bestimmt ein Boss in irgendeiner Bank", denkt er. „Dem kann nichts passieren."

„Ich kann nicht sagen, dass ich nie mehr Angst habe", meint der Herr freundlich. „Aber ich spüre, dass es so etwas wie einen Schutzwall um mich herum gibt. Wie eine große, gute Hand, die mich hält.

Vielleicht auch wie eine Schar Engel, die in einem Kreis schützend um mich herumstehen. Irgend so eine Macht. Man könnte sie Gott oder Engel nennen. Davon hat mir mein Vater draußen auf dem Meer oft erzählt. Und ich habe es nicht vergessen."

Thomas ist ganz still und ruhig geworden.

„Wenn wir heil gelandet sind, muss ich meinen Eltern diesen netten Herrn vorstellen", denkt er. „Und mich noch mal ganz doll bedanken."

Aber in der Menschenmenge auf dem Flughafen ist der Fremde verschwunden.

Der Nikolaus hört richtig zu

Marie und Tilmann streiten laut.
Da klingelt es.
„Könnt ihr bitte hingehen?",
ruft Mama von oben.
Marie ist als Erste an der Tür
und macht auf.

Vor lauter Streiten
merkt sie gar nicht,
wer vor ihr steht:
Es ist der Nikolaus.
„Blödmann!",
faucht Marie.
„Zimtschnecke!",
zischt Tilmann zurück.
Der Nikolaus
geht mit den beiden ins Haus.

128

Marie zetert immer weiter
und kneift Tilmann
sogar in den Arm.
Da fängt Tilmann
richtig an zu weinen.
Der Nikolaus streicht Tilmann
über den Kopf.
„Magst du erzählen?",
fragt er.

Tilmann schluchzt und nickt.
„In d-der Schule", stottert er,
„d-da ärgern mich alle
und sagen, ich bin blöd.
Und die ziehen und hauen,
lachen aus und kneifen,
treten und klauen ..."
„Das ist wirklich schlimm",
sagt der Nikolaus.

„Und deswegen bist du traurig."
Tilmann nickt.
Marie wird ganz still.
Tilmann kann alles erzählen.
Das tut gut.
Der Nikolaus hört richtig zu.

Und sie überlegen alle:
Nikolaus, Mama, Papa –
und Marie!
Sollen sie zur Lehrerin gehen?
Mit den Kindern sprechen?
Gemeinsam finden sie sicher
eine gute Lösung.

Doch auf einmal fällt Tilmann ein:
„Mensch, Nikolaus,
die anderen Kinder warten schon."
Der Nikolaus sagt:
„Viel wichtiger warst du
und dass du endlich erzählt hast",
und er steht langsam auf.

So viele Päckchen

Familie Schulzki isst gerade zu Mittag, als es an der Haustür läutet. Herr Schulzki geht hinaus. Jan, Christina und Thorsten laufen hinterher.

„Ach, du bist es, Paul", sagt Herr Schulzki. „Du kommst aber spät."

„Das ist nicht meine Schuld", brummt Paul Huber und streckt Herrn Schulzki ein Päckchen und mehrere Briefe entgegen. „Wenn die Leute vor Weihnachten nicht so viel in der Weltgeschichte herumschicken würden, müsste sich unsereins auch nicht so abschleppen."

„Ich weiß, du hast viel zu tun in diesen Tagen", sagt Herr Schulzki. „Möchtest du vielleicht ein Schnäpschen zum Aufwärmen?"

„Mir ist schon warm genug. Ich muss weiter."

„Dann mach's gut, Paul."

„Jaja", knurrt der.

„Der Paul hat mal wieder seinen Rappel",
sagt Herr Schulzki schmunzelnd zu seiner
Frau.

„Was ist ein Rappel?", will Thorsten
wissen.

„Wenn jemand anders ist als sonst",
erklärt Frau Schulzki. „Wenn er leicht
gereizt ist und ein bisschen spinnt, dann
sagt man, er hat einen Rappel."

„Warum hat denn der Paul immer einen Rappel?", fragt Thorsten.

„Der hat nicht immer einen Rappel", antwortet Frau Schulzki. „Nur, wenn er so viel Arbeit hat wie jetzt. Stellt euch mal vor, was er bis zum Heiligen Abend alles austragen muss. Die vielen Glückwunschkarten, die Päckchen und Pakete ..."

„Es ist nicht nur die viele Arbeit", sagt Herr Schulzki. „Ich glaube, er spürt in der Adventszeit noch mehr als sonst, dass er keine Familie hat und ziemlich allein ist."

„Dann bekommt er ja auch gar keine Päckchen", sagt Christina.

„Wahrscheinlich nicht."

„Das ist aber ungerecht." Christina legt ihre Gabel weg. „Er muss allen Leuten Päckchen bringen und kriegt selbst keine."

„Tja, so ist das nun mal. Da kann man nichts machen", sagt Herr Schulzki schulterzuckend.

„Doch", widerspricht Christina. „Dann müssen wir eben ein Päckchen für ihn machen."

„Au ja!", ruft Jan begeistert. „Das machen wir."

Auch Thorsten und die Eltern finden Christinas Idee prima.

„Aber was sollen wir ihm schenken?", fragt Jan.

Das ist eine gute Frage. Sie überlegen lange und machen viele Vorschläge: einen Hund, einen Vogel, Handschuhe, Ohrenschützer, Zigarren, ein Buch, eine Schallplatte, etwas zum Spielen oder Basteln oder ...

„Nein", sagt Christina schließlich, „das ist alles nicht das Richtige."

Und so beschließen die Kinder, sich im Dorf umzuhören ...

Am Heiligabend machen sich Jan, Christina und Thorsten kurz nach fünf auf den Weg zu Paul Huber. Sie schleichen zu seinem Haus, legen ein Päckchen vor

die Tür und klingeln. Dann rennen sie
wieder zurück und verstecken sich hinter
einem Strauch.

Das Hoflicht geht an, Paul Huber öffnet
die Tür. Er schaut sich um.

„Ist da jemand?"

Er kommt zwei, drei Schritte heraus,
dabei stößt er mit dem Fuß gegen das
Päckchen.

„Was ist denn das?", murmelt er und hebt es auf. „Ein Päckchen?" Er schaut sich noch einmal um und schüttelt den Kopf. „Komisch." Dann geht er mit dem Päckchen ins Haus.

„Für Paul Huber", liest er und schüttelt wieder den Kopf. Er zieht an der Schlaufe und entfernt das rote Band. Dann reißt er vorsichtig das Papier auf und öffnet das Päckchen.

Heraus kommt ein Marzipanschwein – und noch ein Päckchen. Paul Huber öffnet auch das. Und wieder ist ein Marzipanschwein drin – und noch ein Päckchen. So geht das weiter.

Schließlich stehen sechs Marzipan-
schweinchen auf dem Tisch und gucken
Paul Huber an.

„Schade, dass wir sein Gesicht nicht
sehen können", flüstert Jan draußen.

„Ich kann es mir vorstellen", flüstert
Christina zurück.

„Ich auch."

Petermann schläft ein

Der kleine Bär Petermann spielte mit seinen Geschwistern draußen vor der Höhle im Wald. Sie raschelten mit ihren Pfoten durch das trockene Laub und kugelten darin herum. Sie hatten viel Spaß.

Der Winter stand vor der Tür. Der Himmel hing voller Schnee. Aber noch war keine Flocke gefallen. Früh kam der Abend. Da trat Vater Bär vor die Höhle und rief seine Kinder herein.

„Es wird Zeit für den großen Schlaf!",
sagte er. „Heute Nacht wird Schnee fallen.
Heute Nacht wird der Frost kommen. Da
wollen wir zusammenkriechen und die
Augen zumachen. Wir wollen schlafen,
bis der Frühling uns weckt."

„Das dauert mir aber zu lange", sagte
Petermann. „Und schlafen finde ich
langweilig. Ich möchte viel lieber noch
spielen."

„Im Winter wird nicht gespielt", sagte
der Vater. „Im Winter wird geschlafen.
Aber vorher wollen wir Abendbrot essen.
Kommt herein! Die Mutter hat den Tisch
schon gedeckt."

Petermann gehorchte. Essen fand er nicht langweilig. Danach würde man weitersehen.

Der Tisch bog sich unter lauter köstlichen Dingen. Es gab Fisch und Eier, Äpfel und Birnen, saftige Beeren und nahrhafte Wurzeln. Und es gab natürlich Honig, jede Menge süßen goldenen Honig. Die ganze Familie langte tüchtig zu. Man würde ja nun viele Wochen nichts mehr bekommen.

Nach dem Essen räumte Mutter Bär die Höhle auf. Vater Bär verschloss den Eingang mit Reisig und Laub. Petermann sah ihm neugierig zu. Seine Geschwister schliefen schon halb. Aber er war noch ganz munter.

Als die Eltern fertig waren, legten sie sich zu ihren Kindern. Sie brummten schläfrig. Ihr Pelz war weich und warm.

Dem kleinen Bären Petermann wollten schon die Augen zufallen. Aber er riss sie wieder auf und dachte: „Ich darf nicht einschlafen! Ich will noch spielen!"

Er lauschte auf den gleichmäßigen Atem seiner beiden Geschwister, auf das leise Schnaufen der Mutter und das gemütliche Schnarchen des Vaters. Endlich war er sicher, dass keiner von ihnen aufwachen würde.

Leise stand er auf und schlich zum Eingang der Höhle. Er schob Laub und Reisig beiseite und schlüpfte hinaus.

Draußen schneite es stark. Weder der Mond noch die Sterne waren zu sehen. Die kahlen Bäume hatten ein weißes Kleid angezogen. Und auf dem Weg lag ein lockerer Schneeteppich.

Petermann lachte und lief auf weichen Sohlen darüber. Seine Pfoten machten ein schönes Muster. Als er weit genug von der Höhle entfernt war, blieb er stehen.

„Ich will spielen!", rief er. „Wer spielt mit? Ist keiner mehr wach?"

Da raschelte es neben ihm im Laub unter dem Schnee. Eine spitze Schnauze schob sich heraus und zwei blanke schwarze Augen funkelten ihn an. Das war Paulchen Stachelstark, der Igel.

„Spielst du mit mir?", fragte Petermann. „Wozu hast du Lust?"

„Spielen?", fragte Paulchen Stachelstark zurück. „Um diese Zeit? Ich glaube, du spinnst."

„Aber wir sind doch beide ganz munter", sagte Petermann.

„Ich bin in Eile", antwortete der Igel. „Ich muss zu meiner Familie. Es wird höchste Zeit für den Winterschlaf."

„Ach, Winterschlaf!", sagte Petermann. „So was Langweiliges ist nichts für mich!"

Doch da war Paulchen Stachelstark schon weg.

„Ich will spielen!", rief Petermann. „Wer spielt mit?"

Ein kleiner Schatten flitzte die Tanne herunter. Auf dem Ast über Petermanns Kopf blieb er sitzen. Das war Hansi Nagezahn, das Eichhörnchen.

„Spielst du mit mir?", fragte Petermann. „Wozu hast du Lust?"

„Spielen?", fragte Hansi Nagezahn zurück. „Um diese Zeit? Ich glaube, du spinnst."

„Wir können Fangen spielen", sagte Petermann. „Das gefällt dir bestimmt."

„Nein, ich bin in Eile", antwortete das

Eichhörnchen. „Ich muss in mein Nest und auf meine Vorräte aufpassen. Diebe sind überall."

„Ich habe keine Vorräte", sagte Petermann. „Und Diebe sind mir egal."

Doch Hansi Nagezahn war schon weg.

„Ich will spielen!", rief Petermann. „Wer spielt mit?"

Da knackte es im Gebüsch und eine graue Gestalt trat hervor. Das war Willi Zottelmann, der Wolf.

„Spielst du mit mir?", fragte Petermann. „Wozu hast du Lust?"

„Spielen?", fragte Willi Zottelmann zurück. „Um diese Zeit? Ich glaube, du spinnst."

„Wir sind gleich groß", sagte Petermann. „Wir wären sicher gute Spielkameraden."

„Ich habe Hunger", sagte der Wolf. „Und hungrige Leute sind keine guten Spiel-kameraden."

„Ich bin satt", sagte Petermann. „Ich habe ein gutes Abendbrot gehabt."

„So siehst du auch aus", meinte der
Wolf. „Satt und rund. Wenn ich nicht
hungrig wäre, würde ich mit dir spielen.
Aber da ich hungrig bin, werde ich dich
fressen."

Da nahm der kleine Bär Petermann
schnell Reißaus. Er rannte über den ver-
schneiten Weg zur Höhle zurück. Willi
Zottelmann lachte hinter ihm her. Doch er
folgte ihm nicht. Vielleicht hatte er nur
einen bösen Scherz gemacht.

Hungrige Leute machen gelegentlich böse Scherze.

Atemlos schlüpfte Petermann in die Höhle. Er verstopfte den Eingang mit Laub und Reisig. Dann kuschelte er sich zwischen seine Eltern und Geschwister. Er wollte nicht mehr spielen. Er wollte nur noch schlafen.

Kein Weihnachten mehr?

Es stand in der Zeitung:
„Weihnachten ist abgeschafft."
 Schon am Mittag
sah alles anders aus.
Keine Lichterketten mehr
in den Gärten.
Kein Weihnachtsschmuck
im Kaufhaus.

Lebkuchen, Nüsse und Marzipan
aus den Regalen verschwunden.
   Die Nikoläuse streiften Mäntel
und Bärte ab
und ließen ihre Säcke stehen.

Niemand wusste, warum.
Und niemand fragte danach.
   Vielleicht war Weihnachten
zu teuer geworden?
Oder zu laut?

Vielleicht war es
einfach zu anstrengend?
Mama war erleichtert.
Keine Hetze mehr.
Kein Backen und Brutzeln.

Papa war nicht begeistert.
Er musste an Weihnachten
ins Büro.
Kein Weihnachten mehr?

Eli und Tom waren entsetzt.
Keine Weihnachtsferien!
Kein Christbaum!
Keine Geschenke!
Kein Besuch von Tante Lea.
Dem Pudel Hugo war es egal,
solange nur
die leckeren Knochen
nicht abgeschafft wurden.

  Aber Eli hatte schon
ein Bild für Mama gemalt
und für Papa ein Lied gemacht.
Für Tom hatte sie
ein Buch gekauft
und für Tante Lea
eine Kerze gegossen.
Sie hatte eine solche Wut,
dass sie laut aufschrie ...

156

Und davon wurde sie wach.
Es war Heiligabend.
Am späten Nachmittag
würde Tante Lea kommen.
Eli sprang aus dem Bett,
um die Geschenke zu verpacken.

Weihnachten!
Endlich!
Wie wunderbar!

Quellenverzeichnis

S. 7–13
Christina Koenig, *Eisiger Geburts-tag*, aus: dies., Leselöwen-Eislaufgeschichten, farbig illustriert von Christian Zimmer.
© 2006 Loewe Verlag GmbH, Bindlach

S. 14–22
Elisabeth Zöller, *Tobys Geheimnis*, aus: dies., Leselöwen-Christkind-geschichten, farbig illustriert von Julia Ginsbach.
© 2000 Loewe Verlag GmbH, Bindlach

S. 23–29
Julia Boehme, *Der Weihnachts-kater*, aus: dies., Lesepiraten-Tier-geschichten, farbig illustriert von Silvio Neuendorf.
© 2000 Loewe Verlag GmbH, Bindlach

S. 30–39
Christina Koenig, *Die Reise der Mondprinzessin*, aus: dies., Lese-löwen-Eislaufgeschichten, farbig illustriert von Christian Zimmer.
© 2006 Loewe Verlag GmbH, Bindlach

S. 40–49
Ingrid Uebe, *Der böse Theodor*, aus: dies., Leselöwen-Wintergeschichten, farbig illustriert von Gitte Spee.
© 1995 Loewe Verlag GmbH, Bindlach

S. 50–57
Gunter Preuß, *Der Nikolaus braucht Hilfe*, aus: ders., Lese-löwen-Nikolausgeschichten, farbig illustriert von Anette Bley.
© 2004 Loewe Verlag GmbH, Bindlach

S. 58–65
Elisabeth Zöller, *Warum das Christkind später kommt*, aus: dies., Leselöwen-Christkindgeschichten, farbig illustriert von Julia Ginsbach.
© 2000 Loewe Verlag GmbH, Bindlach

S. 66–72
Gunter Preuß, *Wer ist denn nun der Nikolaus?*, aus: ders., Lese-löwen-Nikolausgeschichten, farbig illustriert von Anette Bley.
© 2004 Loewe Verlag GmbH, Bindlach

S. 73–82
Christina Koenig, *Unter dem Eis*, aus: dies., Leselöwen-Eislaufgeschichten, farbig illustriert von Christian Zimmer.
© 2006 Loewe Verlag GmbH, Bindlach

S. 83–91
Elisabeth Zöller, *Der Christkindtrick*, aus: dies., Leselöwen-Christkind-geschichten, farbig illustriert von Julia Ginsbach.
© 2000 Loewe Verlag GmbH, Bindlach

Noch mehr Weihnachtsstimmung

In diesen Geschichten rund um Weihnachten stecken viele kleine Überraschungen – wie es sich gehört für die Zeit des Jahres, in der man sich kleine und große Geschenke macht! Diese Sammelbände mit schönen, lustigen und nachdenklichen Geschichten machen die erwartungsvolle Weihnachtszeit noch ein kleines bisschen spannender.